AF416987

# ظِلٌّ يَحرُسُ النِّسيَانَ

أحمد عايد

# ظِلٌّ يَحرُسُ النِّسيَانَ

شعر

إصدارات دائرة الثقافة، حكومة الشارقة 2024 م

الناشر: دائرة الثقافة ـ حكومة الشارقة ـ الإمارات العربية المتحدة

الهاتف:5123333 6 971+

البرَّاق: 5123303 6 971+

الموقع الإليكتروني: www.sdc.gov.ae

البريد الإليكتروني: sdc@sdc.gov.ae



--------------------

811.962

ع أ. ظ        عايد، أحمد

ظل يحرس النسيان / أحمد عايد .ـالشارقة، الإمارات العربية المتحدة : دائرة الثقافة، 2024.

200 ص. ؛ 21x14 سم.

1. الشعر العربي ـ مصر ـدواوين وقصائد

أ. العنوان

ISBN: 978-9948-758-07-5

إِلَى دَروِيش مُصطَفَى دَروِيش

لَا يَعرِفُ فَضلَكَ سِوَايَ

«وَا شَوقَاهُ إِلَى أوقَاتِ البِدَايَاتِ!»

الجنيد

# صَباحٌ يَنتَحِلُ قَصائِدي

كَقَصيدَةٍ لَم تَحتَمِل بُعدِي

سِوَى فِي طَيِّهَا

قَدَراً وُلِدتُ مَعَ الصَّدَى


وَمَعِي صَبَاحٌ مِن فَرَادِيسِ المَدَى

أَلهَبتُ نَايَ الرُّوحِ..

أَنَّثتُ النَّدَى


أَنجَبتُ أَوَّلَ دَهشَةٍ فِي لَحظَةٍ

وَقَرَأتُ كَفَّ النُّورِ

ثُمَّ هُوَ اهتَدَى

إِنِّي عَلى جَبلِ الخُلُودِ لَشَاخِصٌ

أَتَرَقَّبُ الآبَادَ أَن تَتَوَلَّدَا


حَسبِي إِذَا انتَحَلَ الصَّبَاحُ قَصِيدَةً

أَنْ يَأْخُذَ الأَشعَارَ عَنِّيَ مُنشِدَا

# ثُمَالاتٌ

# بِدَايَاتٌ مُجهَدَةٌ

دَرْبِي بِدَايَاتٌ

وَرُوحِي مُجهَدَةْ

وَخُطَى الطَّريقِ: جُرُوحُ جِسمِي الْمُغمَدَةْ


نَادَيتُ:

«يَا دَربُ، اختَصِر لِي رِحلَتِي!»،

فَمَضَى يَهُدُّ عَلَى الطَّريقِ الأَعمِدَةْ!

وَجَعٌ أَنَا،

وَالْمُفرَدَاتُ: خَطِيئَتِي.

وَيَدِي: خَوَاءٌ مُترَفٌ،

مَا أجوَدَهْ!


أَتَلَمَّسُ النَّفَسَ الأَخِيرَ بِلَهفَةٍ

وَرَبِيبُ صَدرِي: خَائِنٌ

مَا أجحَدَهْ!

أَتَكَبَّدُ الأَلَمَ الكَبِيرَ؛

لِأَيِّ شَيءٍ يَا تُرَى؟

إِلَّا نَزِيفُ الأَورِدَةْ!


قَلَمِي دَمٌّ..

وَرَقِي دَمٌّ..

وَأَنَا دَمٌّ..

دَرِبِي دَمٌّ..

هَدَفِي دَمٌّ..

مَا أَبعَدَهْ!

# حُدَاءٌ لِمَدَارِجِ السَّالِكين

قَدَمٌ عَلَى دَربِ الفَنَاءِ مُهَاجِرَةْ

تَتَبَرَّجُ الدُّنيَا

وَبَعدُ مُنَافِرَةْ


لَا نَفسَ فِي نَفسٍ الَّذِي يَسرِي بِهَا

إِلَّا رَمَادَ الذَّنبِ

يَرجُو غَافِرَةْ

لَا شَيءَ يَملَؤُ كُمَّهُ

إِلَّا الرِّضَى

وَالشَّوقُ قَالَ لَهُ :

«وُجُوهٌ... نَاضِرَةْ»


يَمضِي كَمَا يَمضِي

كَأَوَّلِ شَاعِرٍ

وَكَذَاكَ يَبتَكِرُ الحَيَاةَ البَاهِرَةْ

صَمتاً يُجِيبُ عَنِ الحَياةِ

وَصَمتُهُ صَمتُ الكَلِيمِ

وَنُطقُهُ بِالطَّاهِرَةْ


فِيهِ اتِّقَادُ النَّاشِطِينَ عِبَادَةً

وَبِهِ عَنِ اللَّذَّاتِ رُوحٌ نَافِرَةْ


الوَجدُ فِيهِ كَمَا يُشَاعُ مُؤَكَّدٌ

فِي عَينِهِ كُلُّ الحَقَائِقِ ظَاهِرَةْ

دَانٍ

وَلَا حُجُبٌ لِتَغْشَى دَربَهُ

القَربُ بُغيَتُهُ

لِيُحِيِيَ خَاطِرَهْ


قُوتٌ مِنَ الأَذكَارِ

يُعشِبُ خُضرَةً

يَقوَى بِهِ فَجْراً وَلَيلَ العَاشِرَةْ

يَحيَا بِأَمرِ اللهِ

سِرّاً وَاضِحاً

تَتَبَاعَدُ الشَّهَوَاتُ.. تَخشَى نَاظِرَه


تَتَوَحَّدُ الرَّغبَاتُ فِيهِ بِجُملَةٍ

«إيَّاكَ نَعبدُ»

وَالأَدِلَّةُ زَاهِرَهْ

إِيهٍ

لِهَذَا الكَوثرِ السَّلسَالِ

مِن نَبعِ النُّبوَّةِ يَستَعِيرُ مَشَاعِرَهْ


لَم يَلتَفِتْ

وَالنُّورُ يَسكُنُ ذَاتَهُ

دَمُهُ بَهَاءٌ مِن فُيُوضٍ غَامِرَهْ

سَلَكَ المَدَارِجَ

مَنزِلاً فِي مَنزِلٍ

حَتَّى استَبَانَ لَهُ لِوَاءُ العَامِرَةْ


إِسرَاؤُهُ وَعُرُوجُهُ

مِن نَفسِهِ فِي نَفسِهِ

حَتَّى يَحِلَّ الآخِرَةْ

# فِي حَضرَتِك

«نُورٌ عَلَى نُورٍ»

وَأَنتَ تُنَوِّرُ

مِن أَينَ يَأتِي النُّورُ؟

نُورُكَ يُبهِرُ


بَلَّلتُ قَلبِي بِالنَّدَى بَعدَ النِّدَا

فَالأَرضُ مُدَّتْ وَالسَّمَاءُ تُبَشِّرُ


حَانَتْ مَوَاعِيدِي لِتُؤنِسَ وَحشَتِي

سَأَمُدُّ كَفِّيَ

عَلَّ قَلبَكَ يُمطِرُ

هَلَّلتُ،

لَاحَ الأُنسُ،

ضَاعَ الوَقتُ،

جُنَّ القَلبُ

خَفَّ الصَّوتُ،

فَاضَ الكَوثَرُ


ضَمَّدتُ رُوحِيَ بِالضِّيَاءِ

تَوَضَّأَتْ أَعضَاءُ جِسمِي

ثُمَّ جِئتُ أُكَبِّرُ

قَد جِئتُ

قَلبِيَ خَاشِعٌ

وَدَخَلتُ فِي مِحرَابِ ضَوئِكَ باكِياً أَتَدَثَّرُ


أَتلُو كَلامَكَ

ـ يَا بَلَاغَةَ لَفظِهِ ـ

أَتلُو

كَأَنَّ المِسكَ رَاحَ يُنَشَّرُ

قَد صُمتُ عَنّي

عَلَّني تَختَارُنِي

أَسمُو إِلَيكَ

فَقُل لِنَفسِيَ تَعبُرُ


مَا مَسَّنِي نَصَبٌ إِذَا قَرَّبتَنِي

خُذنِي إِلَيكَ

فَإِنَّ قَلبِيَ مُقفِرُ


هَاتِ اسقِنِي كَاسَاتِ وَصلِكَ

رُبَّمَا مِن بَعدِ سَقيِكَ يَنتَشِي بِي الأَخضَرُ

طُوبَى

لِمَن فِيكَ استَضَاءَتْ ذَاتُهُ

وَلِمَن يُبَاحُ لَهُ الحُضُورُ الأَكبَرُ


حَلَّقتُ

كَيفَ تُضِيءُ أَجنِحَتِي هُنَا؟

أَم

كَيفَ ذَلَّاتِي بِفَضلِكَ تُغفَرُ؟

مَا بِي سِوَاكَ

فَقُل لِقَلبِيَ كِلمَةً

فَالشَّوقُ فِيَّ يَكَادُ مِنِّيَ يَقطُرُ

# قَبَسٌ مِنْ رَمَادِي

عُشرُونَ أُغنِيَةً وَالرُّوحُ غَائِبَةٌ

وَمَنطِقُ الشَّكِّ يَنمُو فِي شَرَايِينِي


وَحَائِطُ الخَوفِ سَدَّ الدَّربَ

مُنتَحِلاً سَمتَ الصَّدِيقِ،

وَنُصحَ الشَّيخِ ذِي الدِّينِ


أَخشَى مِنَ اللَّيلِ وَالأَقمَارُ فَاتِنَتِي

وَأَدَّعِي المَوتَ قَبلَ المَوتِ يَأتِينِي

فَرَاشَتِي

بِضِيَاءِ النَّارِ

مُولَعَةٌ

وَصَرخَةُ الرُّعبِ

صَوبَ القَبرِ تُدنِينِي


لِي لِحيَةٌ مِن رَمَادِ الذَّنبِ شَائِبَةٌ
وَنَظرَةٌ مِن دِمَاءِ النُّورِ تَكوِينِي

وَصَوتُ أُمِّي مَعَ الأَسحَارِ

قَافِيَةٌ مِنَ الحَنَانِ

وَلَحنُ (الطُّورِ سِينِينِ)


وَرَكعَةٌ فِي بِهَاءِ اللهِ أَذكُرُهَا

فَيَعتَرِينِي خُشُوعٌ مِن شَذَا (النُّونِ)


وَصَومُ يَومٍ وَقَد لَوَّنتُهُ عَرَقاً

وَدَعوَةٌ عِندَمَا الآذَانُ يُشجِينِي

وَضِحكَةٌ فِي نَسِيمِ الصُّبحِ مَوطِنُهَا

وَدَمعَةٌ سَطَعَت مِن مَطلَعِ (التِّينِ)


وَدَفتَرٌ مِن صِبَايَا كُلُّهُ وَلَعٌ

وَثَورَةٌ ضِدَّ آلافِ الشَّيَاطِينِ


أَنَا

الـمُسَافِرُ

وَالأَحلَامُ قَافِلَتِي

سَرَابُ هَذَا الـمَدَى قَد كَادَ يُردِينِي

أَنَا الَّذِي...

لَا ...

أَنَا...

مَن يَا تُراهُ أَنَا؟

ضَربٌ مِنَ الوَهِمِ

أَم نَسلُ التَّخَامِينِ؟!

# عينٌ خَضرَاءُ

بِمِلءِ عَينِكِ

هَذَا الشِّعرُ يَتَّسِعُ

طُوبَى لِمَن لِرُؤَاكِ الخُضرِ يَستَمِعُ


أنتِ اختَصَرتِ النَّدَى فِي ظِلِّ أُغنِيَةٍ

حَطَّت كَأُنثَى عَلَى أكتَافِ مَن فَزِعُوا


تَنسَابُ مِنكِ عَرُوسُ الضَّوءِ مَارِدَةً

لِتُعلِنَ الصُّبحَ حَيثُ النُّورُ يُبتَدَعُ

لِفِتْنَةِ العِشقِ أَوصافٌ سَأُدرِكُهَا

إِذَا تَمَكَّنَ مِنكِ الدَّمعُ وَالوَلَعُ


لِعُشبِ مَائِكِ أَطيَارٌ سَأُطلِقُهَا

عِندَ الحُقُولِ، لِكَي يَحلُو لَهَا الشَّبَعُ


البُخلُ مِنكِ كِسِرٍّ الدُّرِّ مُختَبِئٌ

وَالكِبرُ فِيكِ كَأَنَّ الشَّمسَ تَرتَفِعُ


كَيفَ استَكَانَ عَلَيكِ الثَّوبُ فِي خَجَلٍ!

وَصَارَ حَقَّكِ أَن يَغتَابَكِ الدَّلَعُ!

عُشرُونَ كَوناً، وَهَذَا الشَّوقُ مُرتَحِلٌ
وَكُلَّمَا قُلتُ: «حَانَ الوَعدُ»، نَنقَطِعُ


مَتَى يُجِيزُ المَدَى أَحلَامَ قَافِيَةٍ
كَادَت تَشِيخُ وَلَوحُ العُمرِ يَنصَدِعُ


يَا رُبعَ قَرنٍ مِنَ الأَضغَاثِ مُقتَبَساً،
يَكفِيكَ صَمتاً وَبَوحُ الشِّعرِ يَندَلِعُ!

# أُغنِيَّةٌ لِيَدَيهَا

إذَنْ يَدَاكِ

فَإنِّي مَا رَأَيتُ يَدَا

هِيَ الَّتِي نَبَّهَت مِن غَفلَةٍ جَسَدَا


وَعَلَّمَتنِيَ أَنَّ الجِسمَ بُرجُ حَمَامٍ

رُوحُهُ طَائِرٌ فِي الجَوِّ قَد صَعَدَا


إذَنْ يَدَاكِ

فَمَنْ يَسطِيعُ – وَا خَجَلِي –

أَن يُوقِظَ الضَّوءَ لَو عَن شَمسِهِ رَقَدَا؟!

أو يَحضِنَ الـمَاءَ حِينَ الشَّوقُ أثقَلَهُ

وَحِينَمَا الشَّطُّ مِنْ عُشَّاقِهِ ارتَعَدَا


إذَنْ يَدَاكِ

فَمَنْ لِلجُرحِ يُبرِئُهُ

وَمَنْ سِوَاكِ يُزِيلُ الهَمَّ حِينَ بَدَا


وَمَن يَلُمُّ شَتَاتَ الرُّوحِ حِينَ مَضَتْ

فِي رِحلَةٍ لَم تَجِدْ أهلاً وَلَا بَلَدَا

إِذَنْ يَدَاكِ

فَمَنْ يُنْسِي الغَرِيبَ مَرَارَةَ الحَيَاةِ

وَيُنْسِي القَلْبَ مَا وَجَدَا


وَمَن يَرُدُّ عَنِ الأَشيَاءِ مِحنَتَهَا

وَمَن يَقُولُ لِمَن ضَلُّوا: «هُنَاكَ هُدَى»؟!


إِذَنْ يَدَاكِ

فَمَنْ سُكنَايَ فِي زَمَنٍ

يُهَدِّمُ البَيتَ بَعدَ البَيتِ مُجتَهِدَا

وَمَنْ رَفِيقُ طَرِيقِي حِينَ أفرَدَني

وَأظلَمَتْ نَجمَتِي

وَاغتِيلَ مَا وُعِدَا


إذَنْ يَدَاكِ

هِيَ الغَيبُ الَّذِي انفَرَطَتْ أَسرَارُهُ

وَهِيَ الفِردَوسُ لَو فُقِدَا

هِيَ الْيَقِينُ

هِيَ الأَحْلَامُ زَاهِيَةً

هِيَ الأَغَانِي...
أَغَانِي الكون مُنفَرِدَا


هِيَ النُّبُوءَةُ

لَا جِنٌّ وَلَا مَلَكٌ

وَلَا دَلِيلَ عَلَى الأَروَاحِ قَد رُصِدَا

هِيَ البِلَادُ.. بِلَادِي

قَد نَسِيتُ بِهَا أَمسِي وَيَومِي

سَعِيداً قَد وَجَدتُ غَدَا


إِذَنْ يَدَاكِ

فَمَنْ إِلَّاكِ يَعرِفُنِي

إِذَنْ يَدَاكِ

فَإِنِّي مَا رَأَيتُ يَدَا...

# مَا عَلَى النَّايِ

عَلَى النَّايِ...

أَن يَحيَا وَحِيداً مُشَرَّدَا

يُغَنِّي بِلَا خَوفٍ

يَنُوحُ مُغَرِّدَا


عَلَى النَّايِ...

أَن يَرتَادَ قِمَّةَ رُوحِهِ

لِيَصطَادَ بَوحاً نَافِراً مُتَفَرِّدَا

عَلَى النَّاي...

أن يَحيَا بَسِيطاً وَشَاعِراً

يُحِبُّ إِذَا مَا شَاءَ حُبّاً مُؤَبَّدَا


وَيَبكِي

كَمَا لَا تَشتَهِي عَينُ قَلبِهِ

وَيَضحَكُ كَالأَطفَالِ حَتَّى يُهَدهَدَا

وَيَرنُو إِلَى النَّجمَاتِ نَظرَةَ وَالِهٍ

مِنَ العِشقِ وَالأَشوَاقِ بَاتَ مُسَهَّدَا


أَقُولُ لَهُ

– وَالرُّوحُ يُثقِلُهَا الصَّدَى – :

«أَيَا نَايُ،

كُن فِي حُزنِيَ البِكرِ سَيِّدَا».

# جُنُونٌ مُحَلِّقٌ

نَامُوا حَيَارَى

فَكَانَ الحُلْمُ وَالأَرَقُ

وَاستَعذَبَ اللَّيْلُ أَن تَاهُوا إِذَا صَدَقُوا


يَوَرجِحُ النَّجمُ أَضوَاءً مُبَعثَرَةً

وَيُشعِلُ القَلبُ قِندِيلاً، فَيَحتَرِقُ


جُنُونُ هَذَا الفَتَى عَينٌ مُحَلِّقَةٌ

تُزَاحِمُ الطَّيرَ إِذ يَبدُو لَهُ الأُفُقُ

يُبَعثِرُ النَّايُ فِيهِ الحُلْمَ.. يَجمَعُهُ

وَيَلحُمُ الحُلْمَ، ثُمَّ الضَّوءُ يَنبَثِقُ



زُجَاجَةٌ مِن تَوَاشِيحِ الصِّبَا انكَسَرَت

تَنَاثَرَ الشَّوقُ

فَامتَدَّت بِهِ الطُّرُقُ.

# عَلَى بُعدِ مَوتٍ

عَلَى بُعدِ شَلَّالٍ مِنَ المَوتِ

لَا أَرَى المَمَاتَ

وَلَكِنِّي أَرَاكَ

وَحِيدَا


أَغَارُ عَلَى نَفسِي

فَأَركُضُ هَائماً

أَحُثُّ الخُطَى صَوبَ السَّمَاءِ طَرِيدَا

أُرَتِّبُ حُزْنِي فِي ضُلُوعِي

وَأَحتَسِي غُيُومِي

فَأَهِمِي بِالضِّيَاءِ مَزِيدَا


أُسَرِّحُ أفكَارِي عَلَى شَاطِئِ الهَوَى

وَأَسخَرُ مِن قَلبِي يَعِيشُ شَرِيدَا

شَرِيدٌ هُوَ الطِّفلُ المُغَنّي لَكُم

دَماً وَدَمعاً شَفِيفاً قَد أَضَلَّ بَرِيدَا


يَسِيحُ عَلَى الدَّربِ البَعِيدِ برُوحِهِ

فَأَصبَحَ فِي عَرشِ المُرَادِ مُرِيدَا

# كَأَنَّمَا أَرِثي الشِّعرَ

إِلَى مُحَمَّد الثُّبيتيِّ

مُقبِلاً كَالغَيمِ

ثوبٌ آسِرُ

وَخُطَاكَ النَّخلُ

زَهوٌ ظَاهِرُ


كُلَّمَا شِمتُ المَعَانِي،

هَالَني صَوتُ هَذَا البَرقِ

بِكرٌ هَادِرُ

كَيفَ يَنمُو فِيكَ شِعرٌ عَازِفٌ وَطَناً؟

غَابَ اليَقِينُ البَاكِرُ!


قُل لِآهَاتِ النَّدَى:

«يَكفِي رَحِيلُ المَدَى،

يَكفِي سَحَابٌ طَاهِرُ»


هَل جَنَى مِنَّا فِرَاقٌ دَمعَةً؟

أنتَ أدرَى؛

أنتَ أنتَ الخَاطِرُ

غِنِّ لِي شِعراً سَدِيمِيَّ الصَّدَى

وَاحرُسِ البِيدَ؛

فَأَنتَ الخَافِرُ


أَرجَفَت حَولِي الصَّبَايَا جَهرَةً

يَا حِصَانَ الرَّملِ

مَائِي حَائِرُ


وَسَفِينُ مِن رَمَادٍ مُشرَبٍ بِالأَسَارِيرِ

وَجِذرٌ غَائِرُ

صَعْلَكَاتٌ..

تَهْلُكَاتٌ..

لَمْ تُفِقْ بَعْدُ مِنْ نَوْمٍ

وَأَنْتَ الخَافِرُ!


قُلتَ لِي

ـ ذَاتَ مَسَاءٍ رَاحِلٍ ـ :

«غَبَشٌ»

«صَمتٌ»

وَوَجهٌ سَافِرُ

وَ«قَرِينٌ» سَاكِنٌ فِي زَوبَعٍ

لَا يُغَنِّي

وَ«بَشِيرٌ» آخِرُ


عِندَ أَعناقِ النَّخِيلِ المُلتَقَى

وَالمَصَابِيحُ/

العَذَارَى/

العَابِرُ


كُنتَ تَتلُو (سُورَةَ الأَحزَابِ) جَهراً

وَنَجدٌ يَصطَفِيهَا الفَاطِرُ

كَيفَ تَمضِي

وَاللَّيَالِي تَرتَجِي مُهجَةَ الصُّبحِ

وَأنتَ الشَّاعِرُ؟!


لَا سَحَابٌ

لَا مِيَاهٌ

لَا...

وَلَا وَطَنٌ مُنتَظَرٌ

يَا نَاظِرُ!

# بُوصَلَةٌ

لِلشَّوقِ بُوصَلَةٌ

وَحدِي سَأصنَعُهَا

كَي أَعبُرَ الوَهمَ

إِشرَاقاً إِلَى ذَاتِي


لِلشِّعرِ أَحدَثُ طَعمٍ عِندَ ذَائِقَتِي

وَالبُنُّ فِتنَةُ رُوحِي فِي خُرَافَاتِي


لِي أَن أُفَتِّشَ هَذَا الكَونَ عَن قَلَمِي

وَلِي مُحَمَّدَةُ الأَفعَالِ:

مِرآتِي

لِي قِبلَةٌ

عِندَ هَذَا اللَّيلِ

أَقصُدُهَا؛

لِأَنثُرَ الدَّمعَ

خُفياً عَن مَذَلَّاتِي


وَأَبتَنِي الجنَّةَ الخَضرَاءَ

مُضَّرِعاً

وَالوَحيُ حَافِلَتِي صَوبَ السَّمَاوَاتِ.

أُجَرِّبُ بُحَّتِي

# قِبلَةٌ جَدِيدَةٌ

قَبلَ الرِّيَاحِ العَاصِفَةُ..

أَلقَيتُ شِعري فِي المَتَاهَاتِ البَعِيدَة

ثُمَّ جِئتُ مُرَتِّلاً سِفرَ القَصِيدَة

نَاصِعاً بِبِيَاضِ قَلبِي

نَاطِقاً بِالحُبِّ:

«لَبَّيتُ النِّدَاءَ»

وَلَم يَحِنْ وَقتُ الذَّهابِ إِلَى الصَّفَا

لَكِنَّنِي

أَسعَى،

أَطُوفُ،

أُقَبِّلُ الحَجَرَ الكَرِيمَ،

قَصِيدَتِي بِالبَوحِ

تَغسِلُ مَا تَلَوَّثَ مِن فَمِي

لَمَّا تَبَدَّى فِي الفَضَاءِ مُؤَذِّنٌ

وَسَرَى النَّدَى

يَروِي الصَّدَى

أَدَّيتُ أَوَّلَ رَكعَةٍ

وَسَجَدتُ آخِرَ سَجدَةٍ

فَتَبَرَّأَت مِنِّي القَصِيدَةْ!

# وَلَعُ الصَّدى

الوَاقِفُونَ عَلَى حُدُودِ الغَيبِ

يُبهِرُهُم بَرِيقٌ خَاطِفٌ


عَبرَ المَتَاهَةِ أحتَفِي

بِالنُّورِ، حَتَّى أَختَفِي

ـ هَل تَكتَفِي؟

ـ لَا أَكتَفِي!


أَنَا جَالِسٌ

وَحدِي

هُنَا

وَدُخَانُكَ الـمَمقُوتُ يَختَزِلُ الضَّجَرْ

فِي لَحظَةٍ تَلتَفُّ حَولِي دَمعَةٌ حَمقَاءُ تَعتَصِرُ القَمَرْ...


هَذَا سُكُوتُكَ:

مِحنَتِي الأُولَى،

وَأَشلَاءُ الـمَدَى:

هِيَ مِحنَتِي الأُخرَى

مَاذَا يقُولُ اللَّيلُ وَالأقوَامُ نَامُوا؟

لَم يَكُن مُستَيقِظاً غَيرُ الكَلَامْ


دَعهُ... يصافح مَا تَبَقَّى مِن هَوىً

عَلَّ المَدَى

يُهدِي لَنَا

وَلعَ الصَّدَى.

# مُعجِزةُ الأَخِيرِ

كَانَ انتِحَابُ البَحرِ فِي كَفَّيكَ مُعجِزَةً

سَيَحكِي رَملُهُ النَّبَأَ العَجِيبَ

لِكُلِّ مَن يَأتِي

وَيَجلِسُ عِندَ ضِفَّتِه


إذَنْ

مَاذَا سَتَخشَى فِي انسِكَابِ الغَيثِ؟

هَل فِي المَاءِ ما يُؤذِيكَ؟

لَا؛ أنتَ ابنُهُ!

أَرَأَيتَ لَو كَانَ السَّحَابُ قَصِيدَةً

مَن يَكتُبُ الأَمطَارَ فِي صُحُفِ الأُفُقْ؟!

مَن يَحتَوِي وَلَعَ النَّخِيلِ إِذَا انبَثَقْ؟!

مَن يُرسِلُ الرَّخَّاتِ فِي رَحِمِ الوَرَقْ؟!

# لَو تجلِسانِ

لَو تَجلِسَانْ

وَتُثَرثِرَانْ


سَيَكُونُ فِي وُسعِ النَّوَى أَن يَنتَحِرْ

سَيَكُونُ فِي وُسعِ الهَوَى أَن يَنهَمِرْ


تَأتِي عَصَافِيرٌ، وَتَبنِي عُشَّهَا فِي عَينِكُم

وَالنَّحلَةُ الصَّفرَاءُ تَجنِي شَهدَهَا بِشِفَاهِكُم

تَتَكَاثَرُ الكَلِمَاتُ... يَمزُجُهَا الرِّضَى

تَتَأَنَّثُ اللَّحْظَاتُ... تُصبِحُ فَاتِنَةْ

تَتَرَاقَصُ الخُطْوَاتُ مِلءَ الأَمكِنَةْ


طُوبَى لَكُم

لَو تَجلِسَانْ

وَتُثَرثِرَانْ...

# عَطشُ الأَسئِلَةِ

كَانَ السَّرَابُ حَيَاتَنَا الأُولَى

كَمَا أنَّ التُّرَابَ حَيَاتُنَا الأُخرَى


لِمَاذَا لَم يَعُد فِينَا سِوَى الْمَاضِي

وَأسئِلَةٍ بِغيرِ إِجَابَةٍ؟!


مَاذَا عَلَى شَهدِ الجَوَابِ

إِذَا استَلَذَّ بِهِ سَرَابُ الأَسئِلَةْ؟!

أَوَذَاكَ خَيرٌ، أَم حَيَاةٌ مُهمَلَةْ؟!

فِي الحَالَتَيْنْ

مَا لَا يُقَالُ
غَداً يَمُوتُ،
وَمَا يُقَالُ
غَداً يَمُوتْ

فَإِلَى مَتَى هَذَا السُّكُوتْ؟!

حَتَّى يَذهَبَ صَوتِي

# أَرَاجِيحُ الفَرَاغِ

يُؤَرِّخُني الفَرَاغُ لِحِقبَتَينِ

فَلَا أَرَى إِلَّا سَرَاباً

يُتعِبُ البَاحِث

أَنَا البَاحِث


وَلَا أَدرِي

أَقَد ضَاقَت بِيَ الأَسمَاءُ؟

وَالأَسمَاءُ لَيسَت غَيرَ أَوهَامٍ!

يُؤَرجِحُني الفَرَاغُ

فَينتَشِي شِعرِي

كَوَهمٍ عَابِرٍ

فِي كَوكَبٍ نَاءٍ


تَرَاءَت لِي بِلَونِ الضَّوءِ فِي غَسَقِ الرُّؤَى عَرَضاً

فَكَانَت مُرشِدِي فِي رِحلَتِي الأُولَى

فَتَاةٌ

لَا تَلُوحُ

وَلَا تَبُوحُ

وَتَترُكُ لِي البُكَاءَ عَلَى فِرَاشِي المُنفَرِدْ

لَنَا اللَّيلُ الطَّوِيلُ

لَهَا النَّغَمْ...

نَحنُ الجُرُوحُ المُعتِمَاتُ المُوحِشَاتُ الفَارِغَاتُ مِنَ الهَوَى

بِدَمِ النَّدى نَكسُو عَرَاءَ الرُّوحْ

وَحِينَ نَرُوحُ

لَا رُوحٌ

وَلَا رَوحٌ

وَلَا رَيحَانْ

وَلَا نُوحٌ

لِكَي نَنجُو مِنَ الطُّوفَانْ

أنَا الطِّفلُ المُغَيَّبُ فِي أَرَاجِيحِ القُرَى

لِي خَوفُهُ

لِي فَرحُهُ

لِي حُزنُهُ

لِي نَوحُهُ

لِي دَمعُهُ

لِي جُرحُهُ

لِي شَيخُهُ

كُتَّابُهُ

فِي (سُورَةِ العَصرِ) القَصِيرَةِ

لَم أَجُزهَا رُغمَ أَعوَامٍ مَضَت تَترَى

وَلَم أَدخُل إِلَى الـ(إِلَّا)

فَفُزتُ بِعِينِ خُسرَانِي

فَأَهدَانِي لِأَحزَانِي

وَأوهَانِي بِأَوزَانِي

وَألهَانِي بِأَلوَانِي

فَكُنتُ قَبِيلَةً فِي الوَهمِ

تَبحَثُ عَن رِوَاءْ

حَيثُ الظَّمَاءْ

أَجدتُ بُطُولَةً الظَّمأى

وَأهلَكَنِي الظَّمَا

ـ عُذراً ـ

وَأهلَكتُ الظَّمَا.

# أَمَامَ البَحرِ وَالجبَلِ

وَإِذَا البِحَارُ كَمَنجَةٌ مَهزُومَةٌ فِي اللَّيلِ

مَن سَيُرَتِّبُ الإيقَاعَ فِي كَلِمَاتِنَا؟

وَمَنِ الَّذِي تَستَيقِظُ الأَلحَانُ فِي زَفَرَاتِهِ؟


لَا الجُرحُ يُسعِفُ حَامِلِيهِ وَلَا الدِّمَاءُ.

تُتَابِعُ الأَحزَانُ رِحلتَهَا كَعَادَتِهَا

وَتَقبِضُ رُوحَ شَاعِرِهَا

وَتَسرِقُ ضِحكَهُ

وَالـمَوجُ يَسألُ بَحرَهُ دَوماً: «أتَعرِفُني إذَنْ حَقّاً؟»،

يُجِيبُ البَحرُ: «لَا».


الأَشيَاءُ تُنكِرُ ذَاتَهَا

تَتَجَاهَلُ الأَلحَانُ عَازِفَهَا

وَتُنكِرُ مَوجَةٌ أَخَوَاتِهَا


جَبَلٌ طَوِيلٌ

سَوفَ يَكفِينَا لِنَسأَلَ مَا وَرَاءَ النَّائِمِ الأَزَلِيِّ؟

هَل جَبَلٌ وَحِيدٌ هَهُنَا

يَكفِي لِيَحمِيَ شَاعِراً مِن رَجَّةِ الزِّلزَالِ؟


هَل تَكفِي كَمنجَاتُ البُحُورِ

لِأَسألَ الجَبَلَ العَجُوزَ عَنِ اسمِهِ؟

عَن أُمِّهِ؟ عَن عُمْرِهِ؟!

يَأَيُّهَا الجَبَلُ العَجُوزُ بِصَمتِهِ

مَاذَا سَتُخْبِرُنِي إِذَنْ؟

وَأَنَا هُنَا

لَا شَيءَ أَسأَلُهُ سِوَاكَ!


تَسَاقَطَت نَجمَاتُ هَذَا اللَّيلِ فِي كَفَّيكَ.


وَحدَكَ أَنتَ تَعرِفُ مَا أُقَاسِيه

وَوَحدَكَ تَعرِفُ الحُزنَ الدَّفِينَ بِدَاخِلِي

وَحدِي أُرَاقِبُ كُلَّ هَذا

وَالظَّلَامُ يَلُفُّنِي

وَأَقُولُ:

«يَا إِيقَاعُ،

هَب لِي ضِحكَةً!».


وَلِأنَّنِي مَا زِلتُ أَشعُرُ بِالحَيَاة

أَخَافُ مِن بَردِ الشِّتَاء

وَأَعشَقُ الدِّفءَ المُخَبَّأً فِي ارتِعَاشِ

الجَالِسِينَ عَلَى الشَّوَاطِئِ فِي المَسَاء

وَأَسألُ الأَموَاجَ عَن سِرِّ الغِنَاء

صُخُورُ هَذَا البَحرِ صَامِتَةٌ

وَهَذَا اللَّيلُ يُخفِي كُلَّ أَسئِلَةٍ تُوَجَّهُ لِلسَّمَاءِ

وَأَسأَلُ الأَموَاجَ:

ـ هَل لِلكَونِ أَصحَابٌ سِوَانَا؟

ـ لَا أُفِكِّرُ فِي الحَنِينِ،

فَإِنَّهُ عَمَلُ الكُسَالَى

قَالَ:

لَا تَرسُم عَلَى شَطَّينِ رَملاً وَاحِداً.

إنَّ الحَقِيقَةَ فِكرَةٌ مَكرُوهَةٌ مِن رَاغِبِيهَا؛

إِذ تَجَلِّيهَا سَيُرْ عِجُهُم وَيُرهِقُهُم،

وَيُبعِدُهُم عَنِ الإفرَاطِ فِي حُبِّ الحَيَاةِ

وَلِلحَقِيقَةِ رُؤيَةٌ أُخرَى

سَتَعرِفُهَا إِذَا أَطلَقتَ نَفسَكَ فِي الفَضَاءِ

مُنَزَّهاً عَن سَطوَةِ الإدرَاكِ

مُمتَلِئاً بِنُورِكَ

جَاهِلاً كُلَّ المَعَارِفِ

قَارِئاً أَسرَارَ رُوحِكَ

وَقتَهَا..

تَختَارُ أَن تَحيَا وَحِيداً فَوقَ ظَهرِ الأَرضِ

حَتَّى المَوتِ يَا هَذا!

— إِذَنْ

مَاذَا سَيُفشِي المَوتُ مِن أَسرَارِنَا؟

مَاذَا سَيُخفِي المَوتُ مِن أَسرَارِنَا؟


— لَا شَيءَ...

قُلتُ:

فَيَا حَيَاةُ تَأَمَّلِينِي لَو قَلِيلاً

رُبَّمَا غَدُنَا تَكُونُ بَعِيدَةً خُطوَاتُهُ عَنِّي

ولَن تَجِدِي سِوَايَ لِتَذكُرِيه

أَنَا قَصِيدَتُكِ الجَمِيلَةُ

قُلتُ:

لَا أَحتَاجُ مِن هَذِي الحَيَاةِ

سِوَى الحَقِيقَةِ وَالقَصِيدَةِ

وَلْأَكُن شَخصاً خَفِيفَ الظِّلِّ

أَعبُرُ مُسرِعاً هَذِي الحَيَاةَ

فَيَا بِحَارُ،

وَيَا جِبَالُ،

وَيَا حَيَاةُ،

أَنَا هُنَا

مَا زِلتُ حَيّاً

لَم أَمُتْ

وَلَدَيَّ أَكثَرُ مِن يَقِينٍ

أَنَّني سَأَكُونُ مَا أَرجُوهُ!


لَم يَترُكْ لِيَ البَحرُ اختِيَاراً آخَراً

إِلَّا البُكَاءَ أَمَامَ أَموَاجٍ غَلِيظَاتِ المَشَاعِرِ

لَا تَرِقُّ لِهَارِبٍ مِن سَطوَةِ الدُّنيَا

كَأَنَّ الكَوْنَ يُعجِبُهُ بُكَاءُ النَّاسِ


هَذَا الدَّمعُ مِثلُ المَوجِ فِي ضَعفِي
مَتَى سَأَكُونُ كَالجَبَلِ الَّذِي
لَا يَستَطِيعُ الكَونُ إزعَاجاً لَهُ؟


وَمَتَى أُخَلَّدُ كَالجِبَالِ الرَّاسِيَاتِ
الكَائِنَاتِ مِنَ البِدَايَاتِ القَدِيمَةِ؟

رُبَّمَا سَأَكُونُ...


لَكِن كَيفَ أَمشِي رَاحِلاً فِي الكَونِ؟
هَل سَتَكفِينِي مُلَامَسَةُ السَّمَاءِ لِجَبهَتِي؟


وَرَأَيتُ
أَنِّيَ غَارِقٌ
فِي حَفنَةٍ مِن مَوجِ هَذَا البَحرِ
وَالـمَوتُ اللَّئِيمُ مُحَاصِرِي
وَأَرَى السَّحَابَ يَمُرُّ فَوقِي
كَالدِّمَاءِ مُلَوَّناً.

أيقَنتُ سَاعَتَها بِأَنَّ الـمَوجَ

مِثلُ قَصِيدَةٍ مَسرُوقَةٍ

لَا تَستَقِرُّ لِصَاحِبٍ.


وَالطَّيرُ تَنقُرُ فِي الـمِيَاهِ

لَعَلَّهَا ـ عَبثاً ـ سَتُنقِذُنِي

لِأَكتُبَ لَحنَهَا بِقَصِيدَتِي.

وَرَأَيتُ..

أَنِّيَ تَائِهٌ فِي اللَّيلِ

أَعمَى

أَهتَدِي مِن غَيرِ ضَوءٍ

أَسأَلُ النَّجمَاتِ عَن هَدْي

يُبَصِّرُ خُطوَتِي


وَرَأَيتُ..

شَخصاً مَا يُرَاقِبُنِي

الدُّخَانُ يَطِيرُ مِنهُ

وَلَا يَكُفُّ عَنِ التَّوَقُّعِ جَاهِداً عَمَّا يَدُورُ بِدَاخِلِيْ

وَرَأيتُ

أَنَّ سَفِينَةً

تَمضِي مَعِي

حَيثُ الَّذِي لَا تَشتَهِي


وَرَأيتُ

أَنَّ الشَّمسَ تَصرُخُ فِي الرَّحِيلِ دَماً

وَتُجهِدُ نَفسَهَا

تَجرِي وَرَاءَ شُعَاعِهَا

وَشُعَاعُهَا يَجرِي وَرَاءَ الوَقتِ


وَاللَّيلُ الطَّوِيلُ يَجِيءُ لِي وَحدِي!

# في كَفِّ الصَّحرَاءِ

(1)

فِي اللَّيلِ

لَا الصَّحرَاءُ تَعرِفُ مَا أُرِيدُ

وَلَا أَنَا أَدرِي لِمَاذَا جِئتُهَا


فِي التِّيهِ..

تَنتَخِبُ القَصَائِدُ دَربَهَا

(2)

مَا زِلتُ أَبحَثُ

عَن تَفَاصِيلِي الَّتِي كَانَت تُحَدِّثُنِي بِهَا

عَن أَوَّلِ الأَحلَامِ/

عَن عَطَشِ الحُدَاءِ/

عَنِ البُكَاء

...

كَانَت تُحَدِّثُنِي

وَأَبكِي صِدقَهَا

هَل كَانَ حَقّاً مَا تَقُولُ؟

أَنَا فَقَدتُ الوَعيَ

مُنذُ وِلَادَتِي

لَا أَذُكرُ الأَحدَاثَ


مَاذَا قَد جَرَى؟!

كُلُّ الحِكَايَةِ

أَنَّني فِي التِّيهِ مُنذُ تَبَرْعُمي

مَا زَالَ فِي الصَّمتِ اشتِعَالُ قَصَائِدي

وَأَنينُ نَايِي

وَاغتِرَابُ أَهلَتي


مَا زِلتُ أَجهَلُ

كَيفَ أَحيَا فِي السَّرَابِ

بِلَا مَكَانٍ

أَو زَمَانٍ

أَو أَنَا؟!

هَل كَانَ فِي كَفِّ الفَلَاةِ تَنَبُّؤٌ عَن مَقدَمِي؟

وَهَـلِ الَّذِيـنَ تَيَمَّنُــوا بِقُدُومِــيَ الـمَجهُولِ صَــارُوا يَحمَدُونَ

طَريقَتي؟

وَهَلِ الَّذِينَ تَشَاءَمُوا مِنِّي تَوَلَّوا كِبرَهُم؟

(3)

مَا زِلتُ أجهَلُ

كَيفَ أبتَدِئُ الأغَانِي؟!


.../ فِي الصَّحَارِي/...


لَا تَلُوحُ الـمُفرَدَاتُ

سِوَى عَرَايَا مِن مَلَامِحِهَا الَّتِي كَانَت...

وَمَا زَالَت...

وَتُغنِيكَ الإِشَارَةُ

عَن دَهَالِيزِ الإِطَالَةِ

... / فِي ثَنِيَّاتِ الوَدَاعِ / ...


أَكُونُ مُنفَرِداً

كَعَادَةِ نَفسِيَ الحَمقَاء

عِندَ رَحِيلِهَا الأَزَلِيِّ

نَحوَ فَرَاغِهَا الأَبَدِيِّ...


ـ هَل مَا زِلتُ أَجلِسُ فِي الفَلَاةْ؟!

... ـ

(4)

حِينَ اكْتَحَلْنَا بِالضِّيَاءِ،

تَبَعْثَرَت لُغَةُ الخُلُودِ

تَنَفَّسَت أَحلَامُنَا أَحلَامَهَا

فَتَوَحَّدَت كُلُّ الرُّؤَى

وَاستَعبَرَت كُلُّ القَصَائِدِ فِي يَدِي

فَغَفَرتُ مَا فَعَلَت

وَقُلتُ لَهَا:

«اهتَدِي»

...

وَأَفَقتُ فِي رَجعِ «اهتَدِي».

# اللِّقاءُ

(1)

سَقَطَت مُذبذَبَةً

عَلَى شَفَةِ القَصيدةِ

دَمعَةٌ بَيضاءُ مِن ثَلجِ الشَّمَالِ

وَكَانَ يُمكِنُ أَن تَكُونَ كَمَا تَشَاءُ

وَلَكِنِ انقَطَعَت بِدَايَاتُ القَصيدةِ

عَن مَدَاخِلِهَا / مَخَارِجِهَا

سَقَطَت كَغَيمِ الصَّيفِ

كَانَ الشِّعرُ يُدرِكُ أَنَّنِي لَن أَستَطِيعَ

كِتَابَةَ الأَصوَاتِ وَالأَلوَانَ فِي قَبرِ السُّطُورِ

فَكَيفَ يُمكِنُ أَن أُدَوِّنَ نَسمَةً فِي دَفتَرٍ؟

وَأُدَوِّنَ الأَنغَامَ فِي سَطرٍ؟

أُدَوِّنُنِي أَنَا؟!


لَا شَيءَ يَبقَى يَا صَدِيقِي مِثلَمَا كَانَ

انتَهَينَا مِن تَفَاصِيلِ البِدَايَاتِ

اكتَفَينَا مِن تَدَابِيرِ النِّهَايَاتِ

احتَمَلنَا مَا احتَمَلنَا فِي الطَّرِيقِ

لِكَيْ نُنِيرَ ضَمِيرَنَا.

(2)

سَقَطَت مُفَخَّخَةً

عَلَى شَفَةِ القَصِيدَةِ

نُقطَةٌ حَمرَاءُ مِن عَرَقِ الجَنُوبِ

وَكَانَ يُمكِنُ أَن تَكُونَ كَمَا تَشَاءُ

وَلَكِنِ اتَّضَحَت مَكَائِدُ سَارِقِي الأَلوَانِ فِي عَينِ الضُّحَى

وَاشتَدَّ سَاعِدُهُم بِقُنبُلَةٍ سَتُفزِعُ زَهرَةً

بَيضَاءَ فِي أُذُنِ الصَّبِيَّةِ... تِلكَ نَائِمَةٌ

عَلَى كَتِفِ القَصِيدَةِ... أُمُّهَا غَنَّت لَهَا:

«نَم يَا حَمَامُ»

حَنَانَكَ...

اخْتَنَقَت حَمَامَاتُ السَّلَامِ مِنَ الدُّخَانِ

وَلَم يَعُدِ في الأرضِ عُصفُورٌ سَيُنشِدُ

مَا سَيَكتُبُهُ الزَّمَانُ قَصَائداً

(3)

سَقَطَت مُنَغَّمَةً

عَلَى شَفَةِ القَصِيدَة

جَوقَةٌ صَفرَاءُ مِن نَغَمِ الشُّرُوقِ

وَكَانَ يُمكِنُ أَن تَكُونَ كَمَا تَشَاءُ

وَلَكِنِ الذَّهَبُ الظَّلَامِيُّ التُّرَابِيُّ اكتَفَى

ـ قَدَراً ـ بِغَربٍ أحمَقٍ

مَن كَانَ يَحسِبُ أَنَّ بَابِلَ مُومِسٌ؟

مَن يَحتَسِيكَ أَيَا فُرَاتُ وَأنتَ نَهرٌ شَاحِبٌ؟

يَا نَهرَنَا لَا مَاءَ فِيكَ سِوَى الدَّمَاءِ!

أَكَانَ حَقّاً أَنَّ هَذَا اللَّيلَ مَطبُوعٌ عَلَى كَفِّ الشُّرُوقِ؟

إِذَن هُنَاكَ/ هُنَا/ هُنَا/ أَنَا...

لَا شَيءَ يَا وَلَعَ الغِنَاءِ

مَضَت لُحُونُكَ فَجأَةً.

(4)

سَقَطَت مُحَوَّجَةً

عَلَى شَفَةِ القَصِيدَةِ

فِتنَةٌ سَودَاءُ مِن أَرْضِ الْغُرُوبِ

وَكَانَ يُمكِنُ أَن تَكُونَ كَمَا تَشَاءُ

وَلَكِنِ امتَلَأَت مَلَاعِبُهَا بِإِفكِ مُعَلِّقِيهَا

فِي الإِذَاعَاتِ الَّتِي لَا تَعرِفُ الأَنوَارُ

مُدَّخَلاً إِلَيهَا...

(5)

هَكَذَا

سَقَطَ الشَّمَالُ

عَلَى الجَنُوبِ

عَلَى الشُّرُوقِ

عَلَى الغُرُوبِ

عَلَى هُنَا

فِيمَا أَنَا

سَقَطُوا

وَكَانَ أَنِ التَقَيتُ مَعَ الجَمِيعِ صَبِيحَةً

لَا حُزنَ يَكفِي

سِوَى حُزنِ القَصِيدَةِ عِندَمَا

وُتِرَت بِشَاعِرِهَا النَّبِيلِ

فَبَكَى عَلَى شُرَفِ السَّمَاءِ

لَعَلَّ مُستَمِعاً

سَيُنصِتُ لِلقَصِيدَةِ في مَآتِمِهَا

وَيَبكِي مِثلَهُ...

# وَطَنٌ عَلَى كَتِفِ الصَّبَاحِ

(1)

وَلَعُ الْمُسَافِرِ أَن يَظَلَّ مُسَافِراً

يَتَلَمَّسُ الأَوطَانَ مَدَّ بَصِيرَةٍ

يَتَحَسَّسُ الشُّطْآنَ

مِن بَعدِ الـمَنَافِي عَاشِقاً

مَعَهُ الْقَصَائِدُ فِي الْحَقَائِبِ تَشتَهِي:

عَرَقَ التُّرَابِ،

وَقُبْلَةً مِن أُمِّهِ،

أو ضَمَّةً مِن صَاحِبٍ،

وَتَسَامُراً تَحتَ النَّخِيلِ الْمُنتَحِبْ

(2)

البُوصَلَاتُ التَّائِهَاتُ

حَدِيقَةٌ مِن تِيهِ أُغنِيَةِ الغُبَارِ

القَلبُ آخِرُ وَارِدٍ

يَرجُو الوُصُولَ...

وَلَا وُصُولْ!

- أَينَ الطَّريقُ إِلَى هُنَاكَ؟

- اسأَل دَلِيلَ البُوصَلَةْ.

- يَا بُوصَلَةْ،

أَينَ الطَّريقُ إِلَى البِلَادِ الفَاضِلَةْ؟!

حَيثُ الزُّهُورُ لَهَا مَذَاقُ العِطرِ فِي شَبَقِ الصُّعُودِ،

الطِّفلُ يَمرَحُ فِي دَهَالِيزِ السَّعَادَةِ،

وَابتِسَامَتُهُ تُلَوِّنُ بَلَدَتِي بِالنُّورِ

حِينَ يَرَشُّهَا لَعِباً عَلَى قَلبِ الرُّبَى،

تِلكَ الصَّبَايَا الضَّاحِكَاتُ

عَلَى شَوَاطِئِ تُرعَةِ الفَجرِ القَرِيبِ،

البُنُّ يُنعِشُ نَكهَةَ الأَحلَامِ فِي شَفَةِ السَّحَرْ

ـ يَا بُوصَلَةُ.. يَا بُوصَلَةُ،

أَينَ الطَّرِيقُ إِلَى البِلَادِ الفَاضِلَةُ؟

ـ البُوصَلَاتُ التَّائِهَاتُ حَدِيقَةٌ مِن تِيهِ أُغنِيةِ الغُبَارْ.

(3)

لِلْغَيْمِ

نَكْهَةُ شَهْقَةٍ وَضَّاءَةٍ

تَنْمُو عَلَى كَفِّ السَّمَاءِ

وَتُتْرِعُ الْوَلَعَ الْمُعَتَّقَ بِالْجَنَانْ


ـ مَاذَا عَلَى كَتِفِ الصَّبَاحْ؟!

ـ مَاذَا عَلَى كَتِفِ الصَّبَاحِ سِوَى الضِّيَاءْ

إِنَّا سَحَقْنَا اليَأسَ فِي عُمقِ المَخَاضِ؛

لِتَرحَلَ الأَنوَارُ فِي غَسَقِ الدُّجَى،

لِيَحِلَّ رَكبُ الفَجرِ فِي عَينِ الرُّبَى،

لِيَكُونَ فِي كَأسِ البِلَادِ

طَلَاوَةٌ وَحَلَاوَةٌ،

لِنَكُوْنَ أَجْمَلَ مَا نَكُوْنْ

(4)

لِلحَالِمِينَ الحَامِلِينَ هُمُومَهُم

شَوقٌ بَدِيهِيٌّ لأُغنِيةِ الوَطَنْ

هَذِي الأَنَاشِيدُ الَّتِي تَعلُو بِطَابُورِ المَدَارِسِ

تَنتَشِي لَو نَلتَقِي أوطَانَنَا


نَحتَاجُ نَهرَ دَمٍ طَهُورٍ، وَالجَمَالَ، وَفِكرَةً

كَي نُنشِئَ الوَطَنَ السَّعِيدْ

نَبنِيهِ فَوقَ رَمَالِنَا وَحُقُولِنَا

لَو أَنَّنَا نَلقَاكَ يَوماً يَا وَطَنْ

سَتَكُونُ ضَوءاً فِي العُيُونْ

سَتَكُونُ وَشماً فِي الخُدُودْ

سَتَكُونُ عِشقاً فِي القُلُوبْ

سَتَكُونُ شَمساً لَا تَغِيبْ

(5)

لِلقَادِمِينَ إِلَيكَ ظِلٌّ مُوجَزٌ

فِي آخِرِ السَّطرِ الطَّوِيلِ أَتَى،

لِيَختَزِلَ الـمَدَى


هَذِي الأَصَابِعُ كَيفَ تَختَرِقُ الـحُجُبْ؟

تَبنِي لَنَا بَيتاً بَعِيداً فِي السُّحُبْ!


نَستَنجِزُ الأَحلَامَ... بَعدَ الوَهمِ

تَبتَدِئُ الـمَدَائِنُ قِصَّةً أُخرَى

دَمُ الـمُستَشهِدِينَ يُعَبِّقُ الأوطَانَ...

هَذَا الكِتَابُ

صِحَافُهُ بَيضَاءُ

تَشتَاقُ المِدَادَ

لِتَحفَظَ التَّأرِيخَ.

حِينَ تَكُونُ قَافِلَةُ القَصِيدَةِ نَحوَ دَربِ الخَالِدِينَ تَسِيرُ

../ فِي وَلَع المُهَاجِرِ قِبلَةٌ/..

تَمضِي؛

وتَبتَكِرُ الأَغَانِي فِي الفَضَاءْ

أَينَ الَّذِينَ يُنَقِّبُونَ عَنِ الضِّيَاءْ؟

هَذَا الفَضَاءْ

رَحبٌ كَمَا حَقُّ الرَّحَابةِ أَن تَكُونَ

الطَّيرُ تَعرِفُ دَربَهَا

وَالرِّحلَةُ الزَّرقَاءُ يَنقُصُهَا الحِذَاءْ

مُدِّي سَوَاعِدَكِ السَّخِيَّةَ يَا سَمَاء

الطَّيرُ جَاءَ

الطَّيرُ جَاءَ...

(6)

لِلبُوْصَلَاتِ حَقِيقَةٌ حُبلَى بِنُورِ العَابِرينْ

بَينَ انسِكَابِ الصَّارِخِينَ

تَلُوحُ شَيئاً

لَا يُفَسِّرُهُ البَلِيغُ

وَتَعجَزُ الكَلِمَاتُ عَن مَجلَى الحَقِيقَةِ دَائماً

فَإلَى مَتَى تَحيَا بِسِرِّكَ هَائماً؟!

(7)

دَعنِي..

لِأَنهَمِرَ افتِتَاناً فِي يَدَيكْ



دَعنِي..

لِأَبدَأ خُطوَتِي مِن سَاعِدَيكْ



دَعنِي..

لِأَنفَجِرَ انشِطَاراً هَائِلاً فِي مُقلَتَيكْ

الوَقتُ يَدهَمُنَا

لِنُنشِئَ ظِلَّنا

عِندَ التَّضَارِيسِ العَتيقَة

فِي صُخُورِ الطُّورِ

خُذِني لِلخُلُود...

# المَنْفِيُّ

(1)

وَجَعٌ هُوَ المَنفَى

وَمَنفَى الرُّوحِ (أقصَى/ أَقسَى) مِن مَنَافِي الأرضِ

إنَّ النَّاسَ مَنفِيُّونَ فِي هَذِي الحَيَاةِ

عَنِ الحَيَاةِ

كَأَنَّهُم لَم يُخلَقُوا إلَّا لِيُنفَوا

...

هَكَذَا تَتَصَارَعُ الأحلَامُ وَالأوهَامُ

فِي عَقلٍ بَرِيءٍ

لَم يَجِد فِي الكَونِ مَا يَكفِي لَهُ.

(2)

لَا يَحملُ الـمَنفِيُّ

غَيرَ مَوَاجِعٍ وَقَصَائِدٍ

يَمشِي ثَقِيلاً

بَاحِثاً عَن نَفسِهِ

وَمُحَاوِلاً أن يَفهَمَ الدُّنيَا

مُحَالٌ مَا أَرَادَ

يُفَتِّشُ الأشيَاءَ

لَا أَشيَاءَ يَا هَذَا

وَيُجهِدُ عَقلَهُ

وَالكَونُ يَضحَكُ سَاخِراً

وَيُقُولُ:

يُمكِنُ أَن أَحُلَّ غُمُوضَهُ!

فَيُمِيتُهُ بِغُمُوضِهِ


وَكَأَنَّهُ مُتَجَذِّرٌ فِي الأرضِ

مَوصُولٌ بِهَا

مَا حَادَ عَن أوحَالِهَا.

وَهُوَ المُحَلِّقُ

هَارِباً نَحوَ السَّمَاءِ

يَشُدُّهُ المَنفَى

وَيُعمِي الطِّينُ عَينَيهِ

وَيَصرُخُ فِي الظَّلَامِ

وَلَا مُجِيب!

(3)

سَيملأُ الـمَنفِيُّ هَذَا الكَونَ مِن آلَامِهِ

وَيُلَوِّنُ الدُّنيَا بِلَونِ دُمُوعِهِ

وَسَيُشعِلُ الـمَنفَى بِشِعرٍ

نَازِفٍ أَلَماً وَمُوسِيقَى

...

وَيَركُضُ فِي الفَرَاغِ

إلَى السَّرَابِ

يَسِيْرُ فِي طُرُقَاتِهِ

مُتَمَنِّياً شَيئاً حَقيقيّاً

وَلَكِن لَا وُجُودَ لَهُ هُنَا.

(4)

مَاضٍ

وَيَنظُرُهُ الأَنَامُ بِرِيبَةٍ:

شَعرٌ طَوِيلٌ/ لِحيَةٌ سَوداءُ/ صَمتٌ مُفزِعٌ/

نُطقٌ بَلِيغٌ/ ضِحكَةٌ بَيضَاءُ/ ...

يَمشِي غَافِلاً عَنهُم

وَتَضحَكُ نَفسُهُ مِنهُم

وَيَعذُرُهُم بِمَا جَهِلُوا،

يَقُولُ لِنَفسِهِ:

«صَبراً... سَتَقتَرِبُ النِّهَايَةُ»

لَا حُدُودَ لَدَى الَمَنَافِي يَا أَنَا!

144

وَالنَّاسُ مِثلُ الـمَاءِ

حِينَ يُلَوَّثُ الـمَاءُ النَّقِيُّ بِشَائِبٍ

يَتَغَيَّرُ الـمَاءُ؛

افتِتَاناً بَالجَدِيدِ، وَخُدعَةِ التَّجرِيبِ..

وَهْيَ مَكِيدَةٌ مَحبُوكَةٌ.

(5)

وَكَأَنَّهُم

لَا يُوقِنُونَ بأَنَّنِي مِن طِينِهِم


بَشَرٌ أَنَا

لَكِنَّنِي رُوحٌ سَمَاوِيٌّ

أَسِيرٌ فِي الـمَنَافِي عِندَهُم


حُرٌّ أَنَا

لَكِنَّنِي الـمَنفِيُّ فِي أَدغَالِهِم!

(6)

يَأَيُّهَا الـمَنْفِيُّ،

وَقتُكَ ذَاهِبٌ

كَسُدَى السُّدَى

وَالنَّاسُ لَا...

لَن يُؤمِنُوا بِحَدِيثِكَ الكَذَّابِ

هُم يَتَسَوَّلُونَ مِنَ الحَيَاةِ فُتَاتَهَا،

وَيُعَلِّقُونَ عَلَى الشَّتَاتِ يَقِينَهُم،

وَيَهُولُهُم أَن لَا حَيَاةَ،

وَلَا طَرِيقَ لِمَن يَسِيرُ

...

هِيَ الحَيَاةُ..

خَطِيئَةٌ أَزَلِيَّةٌ

148

(7)

حَيثُ البُكَاء أَخُ البُكَاءِ

سَيَجلِسُ المَملُوءُ مِن هَذِي الحَيَاةِ مَوَاجِعاً

وَيَقُولُ:

«لِي حُبٌّ هُنَاكَ.. هُنَاكَ يَعرِفُنِي.. وَيَحمِينِي

وَلِي دَمعٌ هُنَا.. شَيءٌ مِنَ الذِّكرَى سَيَكفِينِي».

أَنَا شَمعٌ يَذُوبُ وَلَا حَرَائِقَ

كَم تُرَى أمشِي... وَأجرِي... أحتَبِي...

أَينَ الطَّرِيقُ؟

وَأَينَ ظِلِّي؟

أَينَ مَا أرجُو؟

عَلَى شَفَتِي غُبَارٌ شَاحِبٌ

وَالـمُفرَدَاتُ كَعَابِرٍ مُتَمَرِّسٍ فِي الغَيبِ

تَلفِظُ مَا تَشَاءُ

وَتَطمِسُ الإحسَاسَ

تَرقُصُ فِي فَرَاغِ الوَقتِ

يَا لَلوَقتِ

أَزمِنَةٌ مِنَ العَبَثِ الغَبِيِّ

وَنَقلَةُ الشِّطرَنجِ

مَحصُورٌ هُوَ الأَمَلُ القَرِيبُ..

أَوِ البَعِيدُ

كَحَانةٍ..

يَتَجَوَّلُ الـمَنفِيُّ فِي هَذِي الحَيَاةِ

مُعَربِداً..

مُتَزَندِقاً..

مُتَرَنِّحاً..

وَمُغَنِّياً..

هُوَ لَا يُمَارِسُ لُعبَةَ الشُّطآنِ

أَو لُعَبَ الـمَنَافِي

لَا يُمَارِسُ سَكرَةَ الصُّوفِيِّ

لَا يَدرِي عَنِ الدُّنيَا

سِوَى اللَّاشَيءِ

كَانَ كَمَا يَخَافُ

وَكَانَ يَنصِبُ ضِلعَهُ شَمَّاعَةً لِلحُزنِ

كَانَ خُرَافَةً وَحَقِيقَةً

حُبّاً وَكُرهاً

فَرحَةً حُزناً

وَدَمعاً

حَيثُ كَانَ..

(8)

يَسيرُ

فِي وَجهِ السَّمَاءِ

مُنَقِّباً عَن رُوحِهِ

وَمُرَدِّداً شِعراً قَدِيماً

عَن نِهَايَاتِ المَدَى

وَيَخُطُّ فِي كَفِّ السَّحَابِ رَسَائِلاً

هُوَ لم يَكُن يَدرِي

بِأَنَّ الوَقتَ يُسرِعُ هَكَذَا

بَل لَم يَكُن يَدرِي

بِأَنَّ الوَجهة يَسقُطُ فَجأةً

لِتَصِيرَ كُلُّ حَقيقَةٍ زَيفاً

هُوَ الـمَحفُورُ فِي كَفَّيهِ أَلْوَانُ الصَّدَى

الـمَنحُوتُ فِي جَنبَيهِ آهَاتُ الهَوَى

هُوَ آخِرُ الأَسمَاءِ

أَوَّلُهَا

وَأَوَّلَهَا

هُوَ الضَّوءُ الرَّقِيقُ كَنَسمَةٍ

وَهُوَ الـمُنِيرُ كَنَجمَةٍ

نَايَانِ فِيهِ، وَشَمعَةٌ

يَمضِي لِيَكشِفَ نَفسَهُ

فِي نَفسِهِ

وَهُوَ الطَّرِيقُ!

(9)

عَلَى الحَقِيقَةِ أَن تَظَلَّ رَهِينَةً خَلفَ الحَيَاةِ؛

لِكَي نُبَرِّرَ فِي الحَيَاةِ وُجودَنَا

...

هُوَ يَعبُرُ الدُّنيَا كَظِلٍّ طَائِرٍ

كَي يَمنَحَ الأَشيَاءَ أروَاحاً

وَيَمنَحَ أرضَنَا طَعماً سَمَاوِيّاً

وَيُشعِلَ رُوحَهُ


وَتَظَلُّ تَتبَعُهُ المَنَافِي فِي الحَيَاةِ؛

لِكَي يُضِيءَ نِهَايَةً.

(10)

لَا بُدَّ مِن مَنْفىً؛

لِكَيْ يَصِلَ الشَّرِيدُ إِلَى حَقِيقَتِهِ إذَنْ.

# سَرديَّةٌ

(لَكَ مَا تَشَاءُ مِنَ الكَلَامِ)

اكتُبْ حِكَايَاتِ الَّذِينَ تُحِبُّهُم، وَانسَ الَّذِينَ كَرِهتَهُم

مَا زِلتَ تَملِكُ دَفَّةَ الكَلِمَاتِ

فَاصنَع مَا تَشَاءُ

وَلَا تَكُن عَرَضاً يَمُرُّ عَلَى الحَيَاةِ بِلَا أَثَرْ

*** 

كَيفَ انتَزَعتَ قَميصَ رُؤيَاكَ القَديمَةِ

وَاستَحَلتَ تَلَاشِياً

وَخَدَعتَ كُلَّ الجَاثِمِينَ عَلَى

مَرَايَاكَ الشَّحُوبَةِ فِي دَهَالِيزِ الحَدَاثَةِ

لَا تَخُنِّي!

لَا أُرِيدُ سِوَى الحَقِيقَةِ

كَيفَ يُمكِنُ أَن تُتَاجِرَ فِي دَمِي

وَتَبِيعَ كُلَّ قَصَائِدِي؟!

هَل كُلَّ مَا أَبقَيتَ مِنِّي مِسرَدَ الأسمَاءِ؟

كَيفَ تَنَامُ يَا هَذَا

وَهَذَا البَيتُ تَجرِي فِيهِ أَطيَافِي،

وَصَوتِي حَاضِرٌ فِي صَمتِهِ،

وَالبَابُ يَذكُرُ عَثرَتِي عِندَ ابتِدَاءِ تَرَجُّلِي؟!

أَنَسِيتَ مَا صَنَعَت لَنَا أُمِّي

صَبَاحَ العِيدِ مِن (كَحكٍ) وَمِن (تِرْمِسْ)

***

163

أَم أنَّ كَفَّكَ

– حِينَ ألَقَتنِي إِلَى الجُدرَانِ،

فَانبَجَسَت دِمَائِي فِي الشَّوَارِعِ/ جَوقَةُ الحُزنِ العَتِيُّ –

نَسِيَت بِأنِّي قَد أخَذتُ بِهَا مَسَاءً،

حِينَ كِدتَ بِأَن تَكُونَ غَرِيقَ تُرعَتِنَا

الَّتِي يَا كَم جَلَسنَا فِي ظِلَالِ النَّخلَتَينِ، نَصِيدُ أَسمَاكَ الأَمَلْ؟!

أَرَأَيتَ كَيفَ تَخُونُنِي دَوماً،

وَإِنِّي لَا أَزَالُ أَقُولُ: «أنتَ أَخِي الوَحِيدُ بِلَا خَجَلْ».

***

مَا زِلتَ تَفرَحُ بِالرُّعُونَةِ،

وَانتِفَاخِ النَّفسِ حِينَ يَقُولُ قَائِلُهُم: «كَبِيرُ العَائِلَةْ»

مَا زِلتَ تَذكُرُ قِصَّةَ الأجدَادِ إِذ صَنَعُوا الصَّدَى

وَأَنَا أَقُولُ لَكَ: «الطَّرِيقُ هُنَا. تَعَالَ مَعِي»

فَتَسخَرُ مِن كَلَامِي قَائِلاً: «يَهذِي الفَتَى».

***

مَا زِلتُ أَذكُرُ يَومَ غَلَّقتَ النَّوافِذَ بِالخَشَبْ

وَمَنَعتَنِي مِن أَن أُطِلَّ عَلَى الطَّرِيقِ؛

لِأَنَّ بَنتَ الجَارِ تَشكُو مِن طَوِيلِ تَأَمُّلِي فِي وَجهِهَا!

هِيَ لَم تَكُن تَدرِي بِأَنِّي لَم أَكُن أَدرِي بِمَوقِفِهَا بِسَطحِ البَيتِ.

لَم تَعرِف بِأَنِّي لَا أَرَاهَا.

إِنَّمَا كَانَ البَيَاضُ بِمِلءِ عَينِي،

مَا مُلَامِي وَالضِّيَاءُ نَوَافِذٌ مِن عَينِهَا؟!

أَأَبِيحُ سِرِّي فِي أُنَاسٍ يَجهَلُونَ حَقِيقَةَ الرَّمز الخَفِيّْ؟!

أَأَقُولُ إِنَّ النُّورَ يُمكِنُ أَن يُضِيءَ مَعَ النَّهَارِ،

فَتُهرَعُ الشَّمسُ انزِوَاءً فِي خَجَلْ؟!

أَأَقُولُ إِنَّ الـمُفرَدَاتِ تَكُونُ كَاذِبَةً،

وَإِنَّ الشِّعرَ لَا يَعنِي الشُّعُورَ عَلَى الحَقِيقَةِ؟!

رُبَّمَا بَعضُ القَصَائِدِ صَادِقَةْ

***

حِينَ ابتَدَأتُ بِشَرحِ مَأسَاتِي،

يَدَاكَ تَكَلَّمَت، وَتَكَلَّمَت

وَالجُرحُ فِي ظَهرِي سَـيَذكُرُ مَا أَطَلتَ مِنَ السِّـبَابِ، وَشَـتمِيَ

المَحمُومِ، وَالضَّربِ المُبَرِّحِ بِالعَصَا.

كَم كُنتَ مَزهُوّاً بِنُطقِكَ.

هَازِئاً مِن صَمتِيَ البَاكِي.

وَلَا تَدرِي بِأَنِّيَ شَاعِرٌ.

وَبِأَنَّ مِن سَمتِ الَّذِينَ تَشَعَّرُوا أَن يَصمُتُوا؛

كَي مَا يَكُونُوا مُفصِحِينَ...

إِذَن أَخِي، فَاصمُت.

وَدَعني أَحتَوِي هَذَا الكَلاَمَ؛

لِكَي أُعِيدَ إلَى الزَّمَانِ هُوِيَّتَهْ!

***

تَتَقَاطَعَانِ، وَسِدرَةَ الأشيَاءِ فِي الصَّمتِ القَدِيمِ.

وَأَنتَ مِئذَنَةٌ تَبُوحُ بِفِتنَةِ الكَلِمَاتِ.

مَا زَالَ التِهَابُ البَوحِ يَسرَحُ فِي القَصَائِدِ.

يَا خَيَالَاتِ الحُقُولِ،

تَفَضَّلِي بِزِيَارَتِي،

وَدَعِي القَصَائِدَ سَارِحَاتٍ فِي المَدَى،

تَستَطعِمُ الماضِي،

فَلَا تَجِدُ الكِفَاءَ وَلَا الرِّوَاءَ،

فَتَعبَرُ الأزمَانَ،

ثُمَّ تَمُوتُ مِن فَرطِ النَّدَمْ.

***

أوَلَم تَقُل:

«إِنَّ الخَيَالَ مَعَ الأَسَاطِيرِ القَدِيمَةِ

عَاكِفٌ فِي حَانَةِ الأَشعَارِ

لَا يَأتِي سِوَى كَرَمٍ لِعَينِ الفَاتِنَاتِ»

لِمَن إِذَنْ سَتَبُوحُ يَا وَجَعَ الحَقِيقَةِ؟

أنتَ تَخشَى سَطوَتِي – نُطقَ الخَيَالِ.

فَكُن إِذَنْ طَيراً يُشَاكِسُ مَا تَيَسَّرَ مِن طُفُولَاتِ السَّمَاءِ.

وَكُن عُرُوجَ الرُّوحِ فِي قُدسِ النَّخِيلِ.

وَرَتِّلِ الدَّمعَ ابتِدَاءً؛ كَي تَفُوزَ بِضِحكَةٍ.

***

فِي آخِرِ الأَلـوَانِ تَجلِـسُ طِفلَـةٌ، تَلهُـو بِدُميَتِهَـا الصَّغِيرَةِ،
وَابتِسَـامَتُهَا سَـتُغرِي الشَّـمسَ أَن تَحيَا طَوِيلاً؛ كِـي تُرَاقِبَهَا،
وَتَنسَخَ ضِحكَهَا؛ حَتَّى تُقَلّدَهَا.

لَهَا الضِّحكُ البَرِيءُ،

وَدَمعَةٌ مَحبُوسَةٌ فِي عَينِ خَالَتِهَا

الَّتِي كَم حَاوَلَت أَن تَمنَعَ الدَّمعَاتِ،

لَم تُفلِح.

لَقَد مَاتَا.

وَلَم تَرِثِ الفَتَاةُ سِوَى الدُّمَى، مَعَ يُتمِهَا، وَبُكَاءِ خَالَتِهَا.

لَكَم تَحتَاجُ مِن صَبرٍ، وَمِن شِعرٍ يَلِيقُ بِفَهمِهَا!

- أَيَكُونُ آخِرَ مَا تَبَقَّى فِي حَقِيبَتِهَا: أَنِيـنُ البَدرِ فِي صَمتِ الظَّلَامِ، وَدَعوَةُ الأَبَوَينِ حَتَّى يَحضَرَا يَومَ الزِّفَافْ؟!

- لَا تَعتَرِضْ!

***

يَا أَيُّهَا الوَعدُ المُخَبَّأُ فِي قَصَائِدِنَا الحَمِيمَةِ،

– هَل تَرَانِي؟

– لَا أَرَى.

– أَتَجِيءُ مِن غَسَقِ الدُّجَى؟

– إِنِّي أَجِيءُ مِنَ الرُّؤَى.

– مَعَكَ الرُّقَى؟

– لَا شَيءَ لَكْ!

يَا أَيُّهَا الـمَخلُوقُ مِن خَوفِي؛

لِتَستُرَ بَوحِيَ الرُّوحِيَّ،

ثُمَّ تَقُولَ أَسرَارِي بِلَا خَجَلٍ أَمَامَ الـحَاضِرِينَ،

ـ أَلَا تَعُودُ إِلَى بِلَادِكَ؟

ـ لَن أَعُودَ سِوَى مَعَكْ!

***

مَا زِلتُ أُسمِعُني تَوَاشِيحَ السَّحَرْ

تَتَنَزَّلُ الفَوضَى عَلَى كَلِمَاتِيَ السَّهرَانَةِ الوَلهَى مَعِي:

(لَكَ لَحنُ مَا عَزَفَت جُرُوحُ السَّاهِرِينَ،

صَدَى الكَمَانِ، وَبُحَّةُ النَّايِ الحَزِينِ،

وَنَشوَةُ المُستَمتِعِينَ.

وَلِي أَغَانِي الرَّاحِلِينَ إِلَى الجَحِيمِ،

فَكَيفَ يَنبَجِسُ الضِّيَاءُ عَلَى أَكُفِّ العَابِرِينَ بِلَا دَمِي؟

وَلَكَ الصَّبَاحُ،

وَمَا الصَّبَاحُ سِوَى البَرَاحِ،

وَمَا البَرَاحُ سِوَى الرَّوَاحِ،

وَمَا الرَّوَاحُ سِوَى «أَنَـــــا»)

خُذ مَا تَشَاءُ مِنَ الـمَدَى، وَمِنَ الصَّدَى.

وَاذكُر مَحَاسِنَ رِحلَتِي.

يَا كَم أَقُصُّ عَلَيكَ أَخبَارِي،

وَأَنتَ عَلِمتَهَا مِن قَبلِ أَن أَحكِي التَّفَاصِيلَ

الَّتِي زَعَمَت بِأَنَّكَ جَاهِلٌ!

***

خُذ بَيضَةَ الدِّيكِ الوَحِيدَةَ،

قَارِئاً كَفَّ الحَدَاثَةِ،

زَاعِماً مَا لَا يَكُونُ.


فَيَا صَدِيقِي،

لَا أُرِيدُكَ ظِلِّيَ المَطبُوعَ فِي غَيبِ الطَّرِيقِ.

وَلَا تَكُن بَعدِي، وَكُن قَبلِي.

وَعِش مِثلَ الحَمَامِ مُحَلِّقاً مَعَ مَا بِقَلبِكَ مِن بَيَاضِ النُّورِ.

ثُمَّ دَع المَدَى يَمضِي بِنَا نَحوَ الَّذِي شِئنَا لَهُ.

***

أَوَلَم تَكُن تَدرِي بِأَنَّ الصَّمتَ

أَوَّلُ فِتنَةٍ نَزَلَت بِهَذِي الأرضِ

لَم تَترُكِ لإنسَانٍ نَجاةً

كَالوَبَاءِ تُصِيبُ مَن لَقِيَت، وَلَم تَرأف بِهِم.


يَا صَاحِبِي،

لَو لَم نَجِد حَلّاً لِهَذَا الصَّمتِ،

كَيفَ إِذَن سَنَختَرِعُ القَصِيدَةَ؟

يَا صَدِيقِي،

الوَقتُ يَسحَبُنَا إِلَى المَجهُولِ

كَيفَ نُخَزِّنُ البَسَمَاتِ فِي غَيمِ الزَّمَانِ،

مُصَدِّقِينَ خَدِيعَةَ الآتِي، وَلَا نَدرِي

أيَأتِي، أم سُدىً هُوَ حُلمُنَا؟

ـ أتَظُنُّ أَنَّ المُفرَدَاتِ عَمِيلَةٌ للصَّمتِ؟

ـ إِنِّي مُؤمِنٌ بِقَصِيدَةِ الصَّمتِ القَدِيمَةِ.

لَا أُفَرِّطُ فِي أُصُولِ عَقِيدَتِي.

***

يَا لِحيتِي،

مَاذَا تَبَقَّى؟

ـ مُحكَمُ الظُّلُمَاتِ فِي وَجهي.

ـ خُذِي بَعضَ البَيَاضِ. وَلَا تَظُنِّي العُمرَ يَسمَحُ بِاللِّقَاءْ.

***

يَـا كَيـفَ نَدفَعُ فِديَـةً اللَّحظَاتِ حِيـنَ تَصَرَّمَت؛ لِنَذُوقَ شَـهِدَ وِصَالِنَا؟

أم كَيفَ نَطرُقُ بَابَ أَسـمَاء الَّذِينَ مَضَوا؛ عَسَـاهُم أَن يَعُودُوا لِلحَيَاةِ؟

أَعِيشُ مَملُوءاً بِعِطرِ الغَابِرِ الشَّفَّاف

أَرقُبُ شُرفَةَ الغَيبِ الَّتي لَم تَنفَتِحْ.

أَأَعِيشُ نَافِذَةً مُوَارَبَةً؟

فَلَا مَفتَوحَةَ الآتِي، وَلَا مَجهُولَةَ الماضِي.

كَـ(بَينِ البَينِ)؛ لَا عِلمٌ وَلَا جَهلٌ!

***

أَنَا نُورِيَّةُ التَّعبيرِ في تَعبيرِ رُؤيَايَ العَتِيقَة

حِينَمَا أَبصَرتُ بَرقاً لَامِعاً حَاطَ اسمِيَ الـمَذكُورَ في كَشفِ
الـرُّؤَى، وَتَبَتَّلَـت حَولِي طُيُوفُ النُّـورِ، ثُمَّ تَخَشَّـعَت، قُلتُ:
«ارفَعِي رَأساً، وَلَا تَخشَي أذىً».


يَا كَم لَهَوتُ مَعَ الصَّبَا وَمَعَ الصَّبَا، وَمَعَ الصَّبَايَا في خَيَالِي.

لَم أُصَدِّقْ تُهمَةَ الشُّعَرَاءِ،

حَتَّى إِذ وَقَعتُ بِهَا،

عَذَرتُهُمُ اتِّبَاعاً لِلهَوى.

***

يَا فِتْنَتِي،

إِنِّي أُرِيدُ بِأَن أَجِيءَ، وَلَا أُرِيدُ بِأَن أَعُودَ.

سَأَكْتَفِي بِقَصِيدَتِي الأُولَى وَصِدقِ شُعُورِهَا،

وَسَذَاجَةِ الأفكَارِ فِي صُوَرِ الفُصُولِ بِقِصَّتِي.

سَأَكُونُ فِي صُوَرِي كَمَا كَانَت..

نَقِيّاً يَكْتُبُ البَسمَاتِ فِي وَجهِ المُصَوِّرِ.

لَن أَكُونَ سِوَى أَنَا.

سَأُقَبِّلُ النَّخلَ العَتِيقَ، وَجَدَّتِي فِي قَريَتِي.

وَأَبُوحُ لِلماضِي إِذَنْ:

«عُدنَا. وَلَا شَيءٌ نَعُودُ بِهِ،

سِوَى المَلَلِ المُعَبَّأ فِي زُجَاجَاتِ الفَرَاغْ».

***

رِيلْكَهْ يُعَلِّمُنِي القَصِيدَةَ فِي ثَنِيَّاتِ الجَمَالْ.

تَتَعَثَّرُ الغُربَاتُ فِيَّ.. تَضِلُّ مِن فرطِ احتِفَائِي بِالصَّدَى.


إِنِّي ابتَدَعتُ الشِّعرَ

يَومَ تَوَلَّدَت هَذِي البَسَاتِينُ الحَبِيبَةُ مِن يَدِي.

وَقَرَأتُ كَفَّ نَخِيلِهَا، وَغَمَامِهَا.

وَزَعَمـتُ أَنَّ الغَيـثَ ـ كُلَّ الغَيـثِ ـ أَسـرَارِي الحَمِيمَةُ فِي الوَرَى.

كَم فَارَقَتني عَاشِقَاتٌ فَاتِنَاتٌ

لَم أَكُن أَبكِي عَلَى أَيٍّ؛

أَنَا أَدرِي بَأَنَّ الجُرحَ أَسمَى مَا تَجُودُ بِهِ مَحَبَّاتُ البَشَرْ.

***

لَملَمتُ أَشلَائِي وَأَشيَائِي،

وَعُدتُ قَصِيدَةً غَيمِيَّةً

تَتَجَرَّدُ الدُّنيَا أَمَامَ بَصِيرَتِي

وَتُسِرُّ لِي كُلُّ الكَوَائِنِ بِالخَبَرْ.

***

كُنَّا نُوَرِّخُ لِلزَّمَانِ وَثَائِقاً:

مِن شَاحِبِ الماضِي، وَأَحرُفِ مَا يَجِيءُ، وَعَتمَةِ الآتِي.

تَبَرَّجَتِ الصَّبَايَا فِي عُيُونِ الشَّمسِ،

وَاتَّسَخَ المَدَى بِهِجَاءِ مَن بَاحُوا بِهِ.

وَتَزَيَّنَت فِي النِّيلِ أعرَاسٌ قَدِيمَاتٌ عَلَى شَطَّيهِ

تَعزِفُ مَا تَيَسَّرَ مِن بُكَاءِ الغَيبِ، أو نَزَقِ الضَّجَرْ!

***

يَا رَاحِلاً نَحوَ المَدَى،

خُذ مِن فُؤَادِي بَهجَةَ المِصبَاحِ، أو نُورِيَّةَ الألوَاحِ،

ثُمَّ اترُك عَلَى بَابِ المَدَائِنِ دَمعَةً

تَهمِي عَلَى الأطلَالِ لَو مُنِعَ المَطَرْ.

***

غَيبَانِ. تَتَّسِعُ الدَّوَائِرُ فِي يَدِي.

وَأَنَا أُرَبِّي وَردَةً بَيضَاءَ فِي صَدرِي

وَأَحسِبُ مَا تَبَقَّى كَي تُطِلَّ إِلَى الحَيَاةِ.


قَصَائِدِي تَكفِيكَ أَن تَحيَا الضَّجِيجَ، وَأَن تَعِيشَ مُذَبذَباً.

هَل كُلُّ الحَقَائِقِ فِي الحَيَاةِ حَقِيقَةٌ؟!

كَانَت تَقُولُ لِيَ الحَقِيقَةُ سِرَّهَا.

وَأَنَا أُرَتِّبُ مَا تَبَعثَرَ مِن حِكَايَاتٍ.

أُعِيدُ بَرَاءَةَ الأَشيَاءِ فِي سَلَفِ المَدَى.

دَعنِي أَكُونُ عَلَى سَجِيَّتِيَ الحَبِيبَة هَكَذَا.

أطلَقتُ نَفسي؛

كَي أَعيشَ حَمَامَةً؛ تَرقَى إلَى الأنوَارِ.

جِئتُ مُلَطَّخاً بِدَمِ السُّكُوتِ، مُجنَّحاً بِالشِّعرِ.

قَد غَنَّيتُ أَوَّلَ فِتنَةٍ:

فَتَسَاقَطَت تِلكَ السُّحُبْ،

وَتَفَطَّرَت تِلكَ الحُجُبْ.


إنِّي رَهِينُ الشِّعرِ. لَا أَرضَى لَهُ بَدَلاً، وَلَا أَدري لَهُ شَبَهاً.

لَكَم أَسمَعتَ يَا شِعري، وَلَم أَعثُر عَلَى نِدٍّ يُشَابِهُ طُهرَكَ العَالِي.

***

عَلَى شَفَتَيَّ تَندَلِعُ الأَغَانِي بَغتَةً

فَأُنَظِّفُ الأَشيَاءَ مِن نَكَدِ التُّرَابْ،

***

أَمضِي وَحِيداً عَارِفاً

وَأُسَرمِدُ الكَلِمَاتِ فِي وَجهِ الزَّمَانِ.

وَأَغرِسُ البَسَمَاتِ فِي وَجهِ المَدَى.

آهٍ...

مِرَاراً قَد تَمَنَّيتُ الخُرُوجَ عَلَى إِطَارِ مَشَاهِدِي

عَلِّي أَرَانِي..

كَيفَ شَكلِي؟

كَيفَ كَانَ تَصَرُّفِي، وَخَطِيئَتِي، وَفَضِيلَتِي؟

كَيفَ اتِّقَادِي بِالقَصِيدَةِ؟

كَيفَ يُمكِنُ أَن أُلطِّخَ ضَوئِيَ الشَّفَّافَ أَلوَاناً، وَأجرِي مِثلَ طِفلٍ

ضَاحِكٍ أَو خَائِفٍ؛ كَي لَا يَرَانِي الضَّوءُ، مُختَبِئاً وَرَاءَ الغَيمِ،

مُضَّجِعاً عَلَى نَغَمٍ سَمَاوِيٌّ، أَتَى كَهَدِيَّةٍ؟

لَم أعرِفِ الأَنغَامَ إِلَّا فِطرَةً.

هَل كَانَ بِيتْهُوْفِنْ مُعَلِّميَ القَدِيمَ؟

وَهَل أَنَا لَحنٌ سَتَعزِفُهُ الحَيَاةُ لِمَن يَعِيشُوْنَ الحَيَاةَ بِلَا هَدَفْ؟

كَم كُنتُ أطرُدُ عَن خَيالِي

مَارِداً/ شَيطَانَةً/ إنسَانَةً؛

كَي أحمِيَ الألفَاظَ مِن لَغوِ العَوَامِ

وَكَي أُحَافِظَ لِلكَلَامِ عَلَى طَهَارَةِ أصلِهِ.

يَا هُل تُرَى:

وُفِّقتُ، أم ضَاعَت مُحَاوَلَتِي الحَكِيمَةُ كَالهَوَى دُونَ الشَّغَفْ؟

لَـو أعتَنِي حَقّـاً بِصَوتٍ عَابِرٍ. يَأتِي تُغَلِّفُـهُ الكَآبَةُ مِن تِلِغرَافٍ
مَلَاكِيٍّ!
وَلَكِنِّـي أُحِبُّ النَّومَ جِدَّ مُبَكِّرٍ؛ كَـي أحرُسَ الأَحلَامَ فِي أرضِ
الخَيَالِ.


لَكَم أَعِيشُ عَلَى هَوَامِشِـكَ التَّعِيسَةِ يَا زَمَانُ، وَلَا تُبَالِي بِالبُكَاءِ
وَبِالغِنَاءِ وَبِالقَصِيدَةِ فِي دَمِي!


لِي أن أُنَاضِلَ فِي بِلَادِ النُّورِ؛ عَلَّ يَداً تُخَلِّصُنِي مِنَ الطَّاغُوتِ،
أو ظِلِّ الطَّوَاغِيتِ الَّتِي لَا تَنتَهِي!

هَيَّا تَوَضَّأْ يَا صَبِيَّ الْحُلمِ

وَاصنَع مِن ضُلُوعِكَ سُلَّماً نَحوَ الفَرَادِيسِ الجَدِيدَةِ فِي مَدَارَاتِ الجَمَالِ.

وَكُن فَضَاء لَا يَضِيقُ عَلَى أَنَايْ



إِنِّي كَتَبتُكَ كَالخُيُول

وَرَاكِضاً مِثلَ الضِّيَاءِ عَلَى عَجَلْ.

***

لَو أَنَّنَا جِئنَا إِلَيكَ

مُؤَرِّخِينَ بِدَمعِنَا وَبِجُرحِنَا

لَعَلِمتَ مَا فَعَلَت يَدَاكَ

وَلَم تَكُن مُستَهزِئاً مِن بَوحِنَا

***

يَا آيَةَ الدَّمعِ العَتِيقَةَ،

كَم مَضَى مِن عَهدِنَا المَوصُومِ بِالحَرقِ المُؤَرَّخِ بِالرَّمَادْ؟!

***

لَكَم أَخُوْنُ أَنَا

أَظُنُّنِيَ العَمِيلَ بِقِصَّتِي

مُتَنَكِّراً حِيناً، وَحِيناً لَا يَرُوقُنِيَ العَمِيلُ.

أَكُونُ شَخصاً سَاذِجاً، وَأُكَابِدُ الأَحدَاثَ فِي مَلَلِ البَطَلْ.


أَنَا لَم أَجِد حَلًّا لِهَذَا الأَمرِ

وَامتَلَأَت قِرَابُ البَوحِ

وَازدَحَمَ الكَلَامُ عَلَى الجُمَلْ


فَتَرَكتُ هَذَا الشِّعرَ

يَغتَابُ الأَمَلْ!

# الفهرس